Rüdiger Bertram, 1967 geboren, arbeitete nach seinem Studium als freier Journalist und Buchautor. Heute schreibt er vor allem Kinderbücher und gelegentlich auch Drehbücher für Komödien. Mit Frau, Sohn und Tochter lebt er in Köln.

Alexander Bux, 1970 in Augsburg geboren, hat als Kind am liebsten Drachen und andere Monster gemalt. Später studierte er Grafikdesign und war in einer Werbeagentur tätig. Heute lebt und arbeitet er als freier Illustrator in Hamburg und gestaltet mit großer Freude Kinderbücher – am liebsten, aber nicht nur – mit Drachen und Monstern!

Regina Hegner wurde 1973 in Nordbayern geboren und studierte Geschichte in Regensburg. Sie arbeitete im Lektorat eines Kinder- und Jugendbuchverlags und lebt heute mit ihrer Familie in Dachau.

Melanie Garanin studierte an der Hochschule für Film und Fernsehen in Potsdam-Babelsberg und erwarb ein Diplom im Bereich Animation. Als freiberufliche Illustratorin lebt sie bei Berlin.

MIX
Papier | Fördert gute Waldnutzung
FSC® C002795
Climate Neutral Product

Originalausgabe
1. Auflage

Einzelne Quellenangaben zu Text und Illustration auf Seite 93
Druck und Bindung: Livonia Print SIA, Jūrkalnes iela 15/25,
LV-1046 Riga, Lettland
Printed 2024
ISBN 978-3-7512-0519-1

www.oetinger.de

Rüdiger Bertram · Regina Hegner

TOOOR!

Die 15 treffsichersten Fußballgeschichten

Verlag Friedrich Oetinger · Hamburg

Inhaltsverzeichnis

Benno, der Superkicker

Klar, Benno ist der Star von Rot-Weiß Hollerbusch. Er schießt die Tore. Elf schon in dieser Saison. Eins sogar mit dem Popo – unhaltbar!
Und schon wieder ist er am Ball und auf dem Weg zu seinem zwölften Tor. Schnell wie die Feuerwehr im Blitzeinsatz läuft er los. Dann holt er aus zu einem Schuss, der es so was von in sich hat! Aber ein Spieler aus der anderen Mannschaft rempelt Benno einfach um. Mitten im Strafraum. Unverschämtheit!
»Foul!«, schreit Benno und reibt sich seinen vierundzwanzigsten blauen Fleck in dieser Saison.
Zum Glück gibt es Elfmeter. Benno liebt Elfmeter. Da ist er Fachmann drin. Schuss – und Tooor! Keine Frage, Rot-Weiß Hollerbusch holt den Sieg mit links!

Im Training geht es ein paar Tage später gleich wieder in die Vollen.

»Hopp, Benno, mach mal!«, ruft Trainer Paule und klatscht in die Hände.

Und Benno macht mal. Er dribbelt um alle Hütchen herum, ohne dass eins umplumpst.

Der Ball reißt nicht ein Mal aus.

Dann kommt Bennos bester Freund Tom an die Reihe und macht alles verkehrt. Tom macht immer alles verkehrt: Er vergisst, auf welches Tor gespielt wird. Und stolpert sogar über Gänseblümchen.
»Nicht so lahmentig, Leute!«, meckert Trainer Paule. Sonst meckert er nie. Heute schon, denn am Samstag geht es gegen das blanke Grauen. Gegen Fortuna Bockshorn.

»Fortuna Bockshorn«, sagt Trainer Paule feierlich, »Fortuna Bockshorn soll das Gruseln lernen!«
Seit zwei Jahren hat Rot-Weiß Hollerbusch kein Tor mehr gegen Fortuna Bockshorn geschossen. Obwohl Hollerbusch Tabellenführer ist. Ganz Bockshorn macht sich schon über die Hollerbuscher lustig. Von Gruseln keine Spur.
Trainer Paule wird lauter. »Zeigt ihnen gefälligst, wo der Hammer hängt!«
Die komplette Mannschaft schaut Benno an. Der grinst. Daumen nach oben. Klar weiß er, wo der Hammer hängt!
Dann schaut auch Trainer Paule Benno an. Nur Benno. »Wir zählen auf dich!«, sagt er ganz leise.
Benno grinst immer noch. Von einem Ohr zum anderen.

Benno hat auch gut grinsen. Denn das Beste kommt immer zum Schluss: das Elfmetertraining.
Tom nimmt Anlauf und schießt. Der Ball bleibt liegen. Dafür fliegt sein Schuh ins Tor. Immerhin, die Richtung stimmt! Dann nimmt Benno Anlauf, zielt, holt aus, holt aus – und der Ball rutscht weg. Mist!

Auch beim zweiten und dritten Versuch will der Ball einfach nicht ins Tor. Obwohl Benno draufhaut, was das Zeug hält. Irgendetwas stimmt nicht!
»Benno, am Samstag aber mit mehr Schmackes!«, sagt Trainer Paule und lacht. »Wir brauchen dein dreizehntes Tor!«
Mein dreizehntes Tor, denkt Benno und erschrickt. Wenn das kein Unglück bedeutet!

»Wenn das kein Glück bedeutet!«, ruft Tom und zappelt vor Begeisterung. Tom ist immer begeistert. Selbst von dreizehnten Toren.
Benno schlurft hinter ihm her aus der Umkleide.
Draußen wartet schon Toms Schwester Lena.
»Was ist denn los?«, fragt sie.
Lena merkt immer, wenn was nicht stimmt. Benno hat Bammel, das ist los. Bammel, dass es kein dreizehntes Tor gibt. Vor lauter Pech.
»Was ist, wenn ich am Samstag nicht treffe?«, fragt er leise.
»Was ist, wenn Außerirdische kommen und dich holen?«, sagt Tom und verdreht die Augen.
Dann bin ich wenigstens nicht da beim Spiel, denkt Benno.

ROT-WEISS HO

»Ich brauche einen Glücksbringer«, murmelt Benno.
Tom fällt sofort etwas ein. »Kleeblatt, Schweinchen, Schornsteinfeger«, schlägt er vor. »Am besten im Strafraum vergraben!«
Lena kichert. Benno verdreht die Augen.

Zu Hause pfeffert Benno seine Fußballschuhe in die Ecke.
Da riecht er was. Es kommt aus der Küche und duftet.
Lecker. Tomatensoßig. Bennos Lieblingsessen!
»Spaghetti Rot-Weiß!«, jubelt er.
Mama grinst und schiebt Benno den Teller hin. Mmmh!
»Das kriegen die von der Nationalelf auch immer vor dem
Endspiel«, sagt Mama und setzt sich zu Benno.
Benno muss plötzlich husten. Übermorgen ist das Spiel!

Am nächsten Tag sucht Benno das Glück. Wie verrückt und überall.
Morgens poliert er Opas staubige Pokale. Bis sie wieder glänzen wie an Opas großen Tagen, als er noch ein Held war. Ein Held in rot-weißen Fußballschuhen.
»Das bringt garantiert Glück!«, sagt Opa und grinst.
Mittags futtert Benno noch mal eine doppelte Ladung Spaghetti Rot-Weiß. Viel hilft viel.

Nachmittags bringt Benno den Ferkeln von Bauer Walter Schokoeis vorbei. Dabei muss er die Luft anhalten. Vielleicht ist es ja das Glück, was hier so stinkt?

Abends kann Benno nicht einschlafen. Noch nicht mal ein vierblättriges Kleeblatt hat er gefunden! Er hat einfach kein Glück. Und morgen braucht er es doch!

Dann ist es so weit. Heute ist das Spiel, heute geht es um die Ehre. Aber Benno ist krank und kann leider keine Ehre retten. Sein Hals tut weh. Keine zehn Pferde kriegen ihn aus dem Bett.
Aber vielleicht Tom und Lena?
»He, Benno, raus aus den Federn!«, ruft Tom und zappelt wie eine Herde Wildpferde. Er hat schon sein Trikot an. »Komm nicht zu spät!«, brüllt er noch. Dann stürmt er davon.
»Mein Hals tut weh.« Benno setzt sich im Bett auf. Langsam. »Ich hab einfach kein Glück …«
»Halsweh?«, fragt Lena da und nimmt ihren Schal ab. Er ist rosa. Glücksschweinchenrosa.
»Willst du ihn tragen?«, fragt sie. »Er bringt Glück!«
Benno lächelt. Und nickt.
Jetzt aber zackig!

BundesLiga ...
FOTOS

Benno sprintet zum Fußballplatz. Er kommt gerade noch rechtzeitig zum Anpfiff. Trainer Paule ist das aber nicht rechtzeitig genug. Er ist stinksauer. Wortlos zeigt er auf die Ersatzbank.
»Darf ich nicht …?«, stottert Benno.
Er setzt sich, hält lieber den Mund und tut so, als würden seine Knie nicht zittern, während Trainer Paule immer stinksaurer wird. Seine Jungs verschießen jeden Ball. Nutzen keine Chance.

Schon nach fünf Minuten steht es 1 : 0 für Bockshorn.
Aber es kommt noch doller: Tom stürmt plötzlich auf sein eigenes Tor. Und zwar mit Karacho! Schuss – und Eigentor.
2 : 0 für Bockshorn.
Benno kann schon nicht mehr hinsehen. Doch da, endlich, eine Chance! Elfmeter für Rot-Weiß Hollerbusch!

Trainer Paule klopft Benno auf die Schulter. »Zeit für dein dreizehntes Tor«, sagt er.
Benno hat Wabbelknie. Mit Wabbelknien kann man keinen Elfmeter schießen. Unmöglich!
»Ähm, willst du das anlassen?«, fragt Trainer Paule und zeigt auf Bennos Hals.

Benno tastet und spürt Lenas Schal. Spürt das Glück. Spürt die Kraft in seine Beine fluten. Und ob Benno seinen Glücksbringer anlassen will! Er flitzt aufs Spielfeld, so schnell wie zwei Feuerwehr-Ferraris im Blitzeinsatz. Es ist mucksmäuschenstill. Alle Augen
sind auf Benno gerichtet. Irgendwo sitzt auch Lena und drückt die Daumen. Benno nimmt Anlauf, täuscht an, schießt …

… und Tor, Tor, Tooor! Das 1:2! Bennos dreizehntes Tor. Das verflixte dreizehnte Tor!
»Hurra!«, schreit Benno und reißt die Arme hoch. Endlich hat auch der Ball kapiert, in welches Tor er soll. Flanke zu Benno – schon schlüpft der Ball erneut am Bockshorner Torwart vorbei. Der Ausgleich, 2:2!

Und wieder ist Benno am Ball. Er muss sich beeilen. Gleich ist das Spiel zu Ende. Benno haut drauf. Mit Schmackes. Das muss er auch, denn zum Tor ist es noch irre weit: einmal quer über den halben Platz. Ob der Ball das schafft? Klar schafft er das. Und zwar so, dass kein Torwart ihn stoppen kann – Tor!
Schon pfeift der Schiedsrichter ab. Endstand 3:2 für Hollerbusch. Was für ein Sieg!

Die Hollerbuscher werfen Benno in die Luft, dass der rosa Schal nur so flattert. Auf und ab. Auf und ab. Tom ist noch begeisterter als sonst. Stolze Mütter und Väter jubeln. Und Lena jubelt auch – obwohl sie keinen Schal mehr hat. Denn der gehört ab jetzt immer zu Rosa-, äh, Rot-Weiß Hollerbusch.

Hinter der Mauer

»Hühnerkacke! Hühnerkacke! Hühnerkacke!«, schreit Micha sauer, weil einmal Hühnerkacke einfach nicht reicht.
Der Ball ist über die Mauer geflogen auf den Hof vom alten Schulze.

Der alte Schulze besitzt einen riesigen Hund und hat noch nie einen Ball zurückgegeben. Micha hat selber geschossen. Der Ball ist steil in den Himmel gestiegen. Dann ist er hinter der Mauer gelandet, und der Hund vom alten Schulze hat wütend gekläfft.
Der Ball gehört Michas großem Bruder. Es ist kein gewöhnlicher Ball. Da sind die Autogramme von drei Nationalspielern drauf. Michas Bruder weiß nicht, dass Micha sich den Ball ausgeliehen hat, und das ist auch besser so.
Die anderen Jungen haben sich längst verzogen, weil sie Angst vorm alten Schulze und seinem Hund haben. Micha hat auch Angst vor den beiden. Aber noch mehr Angst hat er vor seinem Bruder.
Micha schiebt eine Mülltonne an die Mauer. Als er daraufklettert, kann er die obere

Kante der Mauer erreichen und sich daran hochziehen.
Micha springt von der Mauer auf den gepflasterten Hof und macht sich schnell auf die Suche nach dem Ball, ehe der alte Schulze oder – noch schlimmer – sein Hund auftaucht.
Aber Micha kann den Ball nirgendwo finden. Hinter einer offenen Tür führt eine Treppe in den Keller. Vielleicht ist der Ball ja da runtergerollt, überlegt Micha. Am Ende der Treppe steht ein Kassettenrekorder auf einem Tischchen. Micha ist neugierig und drückt die Play-Taste. Plötzlich ertönt ein lautes Kläffen. Micha erschrickt fürchterlich. Dann merkt er, dass das Bellen aus dem Kassettenrekorder kommt. Der alte Schulze hat gar keinen Hund!
Das macht Micha mutiger. Er wagt sich weiter in den Keller vor.
Am Ende des Gangs ist ein Raum. Auf Regalen liegen Fußbälle. Es

sind mindestens hundert. Auf jedem klebt ein Zettel mit dem Datum, an dem er über die Mauer geflogen ist.
Als Micha den Ball seines Bruders entdeckt, steht plötzlich der alte Schulze hinter ihm. Er hat einen blauen Trainingsanzug an und eine Kappe auf dem Kopf.
»Willst wohl deinen Ball wiederhaben?«, fragt er.
Micha erschreckt sich fast zu Tode. Doch als er sich umdreht, lächelt der alte Schulze. Gar nicht böse, sondern nett.

»Du bist der Erste, der sich das traut. Magst du Kekse?«, fragt der alte Schulze freundlich.

»Weiß nicht«, stottert Micha, weil ihm nichts Besseres einfällt.

»Klar magst du Kekse. Komm mit.«

Der alte Schulze geht voran. Micha trottet ihm hinterher in die Küche.

Während der alte Schulze die Kekse holt, betrachtet Micha die Fotos von Fußballern, die an den Wänden hängen.

»Das bin ich«, sagt der alte Schulze. »Ich hab mal in der Bundesliga gekickt. Aber das ist lange her.«

Micha knabbert vorsichtig an einem Keks. Vielleicht ist er ja vergiftet. Ist er aber nicht. Er ist richtig lecker.

»Bis jetzt hat sich keiner von euch getraut, seinen Ball zu holen. Du bist der Erste«, sagt der alte Schulze. »So einen Fußball muss man sich nämlich verdienen. Einen neuen kaufen kann jeder.«

Als die Kekse alle sind, holt der alte Schulze den Ball von Michas Bruder aus dem Keller.

»Den kannst du mitnehmen«, sagt er und bringt Micha zur Tür. »Und besuch mich mal wieder.«

Jetzt hat niemand mehr Angst vorm alten Schulze. Über die Mauer klettert trotzdem keiner mehr. Der alte Schulze schießt die Bälle immer gleich wieder zurück. Das sind richtig tolle, weite Schüsse.

»Er war eben mal ein richtiger Profi«, erklärt Micha den anderen dann immer ganz stolz. »Mein Freund, der Schulze.«

Darf ich mitspielen?

Leo sitzt auf dem Rasen. Er tut so, als würde er eine dicke Hummel beobachten. Aber in Wirklichkeit lässt er die Kinder vor ihm auf der Wiese keine Sekunde aus den Augen. Sie haben mit ihren Ranzen zwei Tore gebaut und spielen Fußball drei gegen drei. Leo hockt schon eine ganze Stunde so da. Er traut sich nicht zu fragen, ob er mitspielen darf. Die Jungen sind älter als er. Besser kicken können sie trotzdem nicht. Das hat Leo gleich gesehen. Ihre Pässe sind ungenau, und die meisten ihrer Schüsse gehen daneben.
Zwei Mal war Leo schon kurz davor, aufzustehen und zu fragen: »Darf ich mitspielen?«
Dann hat er sich aber doch nicht getraut und ist einfach sitzen geblieben. Dabei hat er gar nichts zu verlieren: Entweder die Kinder lassen ihn mitspielen – dann ist alles gut. Oder sie lassen ihn nicht mitspielen – dann ist alles wie vorher, und er hockt weiter auf der Wiese und guckt zu.
»Erster alles«, brüllt jetzt einer der Jungen. Er trägt ein Trikot von Bayern München. Das rote Hemd leuchtet, als wäre es noch nie gewaschen worden. Leo hat auch ein Fußballtrikot an. Doch bei ihm strahlt die blaue Farbe schon lange nicht mehr.

Der Junge, der »Erster alles« gebrüllt hat, schnappt sich den Ball und legt ihn einige Meter vor dem Tor auf den Boden, um einen Elfer zu schießen. Dann nimmt er einen langen Anlauf, wie es nur Anfänger oder Angeber machen. Er rennt los und drischt den Ball rechts am Pfosten vorbei. Leo muss grinsen. Das hätte sogar seine Oma besser gemacht.
»Tor!«, brüllt der Junge und reißt jubelnd die Arme in die Höhe.
»Stimmt doch gar nicht!«, ruft Leo wütend. »Der Schuss ging zehn Kilo-meter daneben!« Leo ist empört aufgesprungen. Es ist ihm so rausgerutscht, und am liebsten würde er sich dafür die Zunge abbeißen. Aber dafür ist es zu spät. Gesagt ist gesagt.
Der Elfmeterschütze kommt langsam auf Leo zu und hebt drohend die Fäuste: »Sag das noch mal, du Knirps!«
»Der Schuss ging daneben«, wiederholt Leo stotternd. Nur das mit den zehn Kilometern wiederholt er lieber nicht.
»Pass mal gut auf, du Eckfahne! Ich sage hier, was drin war und was nicht. Verstanden? Sonst setzt's was!«
Ehe Leo nicken kann, ruft einer der anderen Spieler von hinten: »Der Kleine hat recht! Der Elfer ging vorbei!«
»Das hätte sogar ein Blinder gesehen«, mischt sich jetzt auch der Torwart ein.
Der große Blonde dreht sich überrascht um.
»Wenn ich sage, der war drin, dann war der drin! Kapiert?«

Keiner der anderen Spieler sagt ein Wort. Auch Leo nicht. Sie alle sehen den Großen nur stumm an und schütteln dabei fast unmerklich die Köpfe.
»Dann spielt doch alleine weiter, ihr Absteiger!« Der Junge kickt beleidigt den Ball weg und läuft über die Wiese davon.
Der Ball landet genau vor Leos Füßen. Mit der Picke lupft er ihn in die Höhe und lässt ihn ein paarmal auf seinen Oberschenkeln auftitschen.

»Uns fehlt ein Spieler. Willst du mitspielen?« Der Junge, der beim Elfer im Tor gestanden hat, sieht Leo an und lächelt.
»Klar will ich.« Leo strahlt und passt dem Jungen den Ball zu.
Sie spielen den ganzen Nachmittag, bis sie alle zum Abendbrot nach Hause müssen.
»Bis morgen. Gleiche Zeit, gleicher Ort«, rufen die Jungen Leo zum Abschied hinterher.
Morgen werde ich keine Hummeln mehr beobachten müssen, das steht fest, denkt Leo, als er müde und glücklich nach Hause läuft.

Der verschwundene Pokal

Lukas sieht auf seine Uhr. In einer Viertelstunde kommt Felix, um ihn abzuholen. Heute ist das große Sommerturnier. Im letzten Jahr haben Felix und Lukas mit ihrer Mannschaft das Fußballturnier gewonnen und dafür einen Pokal bekommen. Es ist ein großer silberfarbener Kelch mit zwei Griffen an den Seiten. Für ein Jahr gehört er ihnen, und jeder Spieler darf ihn für einen Monat mit nach Hause nehmen. Lukas ist als Letzter an der Reihe gewesen, und heute muss er ihn wieder abgeben.

Lukas sucht den Pokal schon den ganzen Morgen. Letzte Woche stand er noch auf seinem Regal zwischen dem Wimpel seines Lieblingsvereins und der Postkarte mit dem Autogramm von Michael Ballack, das weiß Lukas genau. Jetzt ist er weg.

Lukas läuft ins Wohnzimmer. Vielleicht hat seine Mutter ihn zwischen ihre Vasen gestellt. Aber da ist er nicht. Sicherheitshalber sieht Lukas auch im Geschirrschrank nach. Aber auch da ist der Pokal nicht. Was Felix und die anderen wohl sagen, wenn er ihnen beichten muss, dass ihr

Pokal verschwunden ist? Vielleicht kann Lukas ihnen erzählen, dass ihn die Mannschaft vom 1. FC Niederwald, die sie im Endspiel besiegt hatten, geklaut hat. Oder dass Außerirdische in der Nacht gekommen sind, um den Pokal auf ihren Planeten zu entführen.

Lukas geht in das Zimmer seiner kleinen Schwester Lucy. Vielleicht hat sie ja den Pokal irgendwo gesehen. Lucy sitzt mit dem Rücken zu ihm auf dem Boden und spielt mit ihren Barbies.

»Weißt du, wo mein Pokal ist?«, fragt Lukas.

»Was ist denn ein Pokal?«, fragt Lucy zurück, ohne sich umzudrehen.

»Das ist so eine Art großer Becher aus Silber mit zwei Henkeln dran«, erklärt Lukas.

»Ist der aus echtem Silber?«

Lukas verdreht die Augen. »Nein, natürlich nicht.«

»Warum suchst du ihn dann, wenn er sowieso nichts wert ist?«

»Das verstehst du nicht.« Lukas ist kurz davor, eine von Lucys Barbies zu kid-nappen, um endlich eine vernünftige Antwort zu kriegen.

»Weißt du, wo er ist?«

»Hat der so einen Steinfuß?«, fragt Lucy.

»Ja!«, ruft Lukas ungeduldig.

»Dann ist er noch im Garten«, erklärt Lucy und zieht einer ihrer Puppen ein neues Kleid an.

»Wie kommt der denn da hin?«
»Ich habe Ferienhaus gespielt, und das war ein prima Swimmingpool für meine Puppen.«
»Das glaube ich nicht!«, schreit Lukas und rennt in den Garten. Er hat jetzt keine Zeit, sich mit seiner Schwester zu streiten. Felix muss jeden Moment kommen.
Lukas entdeckt Lucys Puppenhaus unter einem Busch. Dahinter blitzt es verdächtig, weil die Sonne sich in irgendetwas spiegelt. Es ist ihr Pokal, aber er hat Bewohner bekommen. Ein Amselpärchen hat darin sein Nest gebaut. Das Weibchen sitzt auf seinen Eiern und blickt Lukas ängstlich entgegen. Da klingelt es. Felix ist da.

An diesem Nachmittag spielen Lukas und seine Mannschaft so gut wie noch nie. Lukas hat seinen Mitspielern von den Amseln erzählt. Keiner ist sauer gewesen. Allen ist klar, dass sie das Turnier gewinnen müssen, damit die Amseln in Ruhe weiterbrüten können. Im Endspiel schlagen sie ihre Gegner 3:1 und dürfen den Pokal ein weiteres Jahr behalten. Als Lukas ihn einen Monat später an Felix weitergibt, sind die kleinen Amseln längst geschlüpft und haben sogar schon Fliegen gelernt.

Vampire vor, noch ein Tor

Sarah liegt unter ihrer Bettdecke und lauscht ängstlich auf die unheimlichen Geräusche, die sie um Punkt Mitternacht geweckt haben. Das geht schon die ganze Woche so. Sarah wohnt in einer alten Burg. Früher lebten dort Raubritter. Jetzt ist es ein Hotel, das Sarahs Eltern gehört.

Wenn ich nicht rauskriege, wo der Lärm herkommt, werde ich keine Nacht mehr schlafen können, denkt sie.

Sarah klettert aus dem Bett und zieht sich ihre Pantoffeln an. Die Geräusche kommen aus dem Burgsaal. Vorsichtig öffnet Sarah die Tür einen winzigen Spaltbreit und steckt ihren Kopf hinein.

Das ist doch nicht möglich!, denkt Sarah.

Im Saal tobt ein gruseliges Fußballspiel! Vier Ritterrüstungen bilden die Tore, in denen zwei Fledermäuse stehen. Sie flattern aufgeregt mit ihren Flügeln, wenn ihnen ein Stürmer mit dem Ball zu nahe kommt. Auf dem Spielfeld jagt eine Horde Geister und Vampire einem eiförmigen Ball hinterher.

Die Vampire sind die besten Spieler. Obwohl sie furchtbar alt aussehen und unbequeme schwarze Anzüge tragen, dribbeln sie leichtfüßig über den harten Steinboden. Einer der Vampire ist gerade auf dem Weg in den gegnerischen Strafraum. Ein schimmelgrüner Geist stellt sich ihm in den Weg, um ihn aufzuhalten. Ohne Erfolg. Der Vampir kümmert sich nicht um ihn, sondern läuft einfach durch ihn hindurch. Vor der Fledermaus hat der Vampir mehr Respekt. Aus sicherer Entfernung schießt er den Ball gegen die Rüstung, dass es nur so scheppert. Von dort springt der Ball ins Tor.

An den Seitenlinien jubeln blasse Burgfrauen und verstaubte Ritter, die aus ihren Bilderrahmen gestiegen sind. Sie schwenken Fahnen, auf denen »Vampire vor, noch ein Tor!« oder »1. FC Geister wird schon wieder Meister« zu lesen ist.
Die Fledermaus brüllt und tobt vor Wut, als sie hinter sich greifen muss, um den Ball aus dem Tor zu holen. Jetzt kann sich Sarah die Kugel etwas genauer ansehen. Der Ball ist ein Kopf mit lustigen blauen Augen und einem lachenden Mund. Er gehört dem kopflosen Recken, der als Schiedsrichter in der Mitte des Saales steht. Das ist ungeheuer praktisch, denkt Sarah, weil der Schiedsrichter so mit seinen Augen immer auf Ballhöhe ist.

Jetzt greifen die schwebenden Geister an. Sie treiben den Ball mit ihren sackförmigen Körpern vor sich her, weil sie keine Füße haben. Das sieht lustig aus, findet Sarah. Vor allem, wenn sie sich mit dem Ball plötzlich in Luft auflösen, sobald sie auf einen Vampir-Verteidiger treffen.

Das Spiel ist so spannend, dass Sarah vergisst, wie müde sie ist. Angst hat sie keine. Die Geister, Vampire und auch die Fledermäuse sind viel zu sehr mit dem Spiel beschäftigt, als dass sie Zeit hätten, ein kleines Mädchen zu erschrecken.

Es steht unentschieden, als die Turmuhr plötzlich eins schlägt. Die Geisterstunde ist vorüber. Für einen Moment erstarren die Spieler und ihre Fans. Dann geht alles ganz schnell. Die Vampire schieben die Rüstungen zurück an die Wand, die Ritter und Burgfrauen steigen in ihre Gemälde, der Schiedsrichter sammelt seinen Kopf wieder ein, und die Fledermäuse flattern an Sarah vorbei zum Fenster hinaus.

Auch Sarah geht zurück in ihr Bett. Jetzt weiß sie endlich, woher die unheimlichen Geräusche kommen. Morgen wird sie bestimmt durchschlafen können. Und wenn nicht, kann sie sich im Burgsaal ein spannendes Fußballspiel angucken. Das ist sogar fast noch besser als Schlafen.

Micha, der Superschütze

Wenn Micha aufs Tor schießt, ist der Ball drin. Das ist so eine Art Naturgesetz. So wie Äpfel vom Baum immer nach unten fallen und nie nach oben. Ganz gleich, ob Micha aus dem Strafraum oder von der Mittellinie abzieht, der Torhüter hat keine Chance. Dabei kann Micha weder gut dribbeln, noch ist er besonders sportlich. Um ehrlich zu sein, ist er sogar ziemlich dick, weil er sich nicht gerne bewegt. Während des Spiels steht er einfach nur da und wartet darauf, dass ihm jemand den Ball zuspielt. Dann stoppt er ihn kurz an und schießt ihn ins Tor.

»Das ist Fußball, kein Marathonlauf«, erklärt Micha, wenn sich ein Mitspieler beschwert, dass er sich zu wenig bewegt. Aber das kommt selten vor. Micha schießt regelmäßig Tore für die Schulmannschaft. Mindestens fünf pro Spiel. Das ist die Hauptsache.

An diesem Nachmittag spielt seine Mannschaft gegen eine andere Schule, gegen die sie noch nie vorher angetreten ist.
»Guck mal, der Dicke da! Den stellen sie bestimmt ins Tor, damit da kein Ball mehr reinpasst«, ruft einer der gegnerischen Spieler,

als Micha auf den Fußballplatz spaziert. Micha hört gar nicht hin. Das kennt er schon. Am Anfang rufen die anderen ihm immer blöde Sprüche zu. Nach dem Abpfiff lacht keiner mehr. Die andere Mannschaft hat Anstoß. Sie greift über die rechte Seite an und holt gleich einen Eckstoß raus. Alle Spieler stehen vor dem Tor und warten auf den Ball. Alle außer dem gegne-rischen Torhüter und Micha, dem der Weg von der Mittellinie viel zu weit ist. Er wartet lieber, bis seine Mannschaft wieder angreift. Lange braucht Micha nicht zu warten. Der Eckball hat nichts gebracht, und seine Mitspieler spielen ihm gleich den Ball zu. Micha schießt direkt. Der Ball saust hoch durch die Luft, knallt unter die Latte und springt ins Tor.

»Der Dicke hat doch nur Glück gehabt!«, ruft der Torwart sauer.

Beim nächsten Angriff schlenzt Micha den Ball unhaltbar in die rechte obere Ecke zum 2:0. Das 3:0 geht flach unten in die lange Ecke, und beim 4:0 titscht der Ball drei Mal zwischen den beiden Pfosten hin und her, ehe er endgültig im Tor landet.

Von da an bilden vier Gegenspieler einen engen Kreis um Micha. Sie wollen verhindern, dass er noch einmal den Ball bekommt. Es sieht fast aus wie eine Belagerung. Micha gibt sich keine Mühe, sie abzuschütteln. Er setzt sich einfach auf den Boden und sieht zu, wie seine Mitspieler die Tore fünf, sechs und sieben schießen. Das ist ganz leicht, weil Michas vier Bewacher jetzt natürlich in der Abwehr fehlen.
Am Ende gewinnt Michas Mannschaft 12:1. Die Gegner schleichen schweigend vom Platz, und keiner macht mehr Witze über Michas dicken Bauch.
Nach dem Spiel geht Micha mit seinen Mitspielern Eis essen. Das machen sie nach jedem Spiel. Für jedes Tor spendieren ihm die anderen eine Kugel mit Sahne obendrauf. Danach bestellt sich Micha die gleiche Portion noch einmal von seinem eigenen Taschengeld.

Die Zauberschuhe

»Lass mir den Ball, Kleiner, du triffst doch eh nicht!«, ruft Kalle laut über den Platz.
Das ist ziemlich gemein, denn Tobi ist wirklich kleiner als Kalle, und so gut schießen wie Kalle kann er auch nicht.
Als Tobi es trotzdem versucht, landet der Ball statt im Tor an der Eckfahne.
So geht das immer. Deswegen sitzt Tobi meistens auch auf der Ersatzbank. Nur wenn ein paar Spieler fehlen, so wie heute, lässt ihn der Trainer auf den Platz laufen.
Die erste Halbzeit ist jetzt schon fast vorüber. Tobis Mannschaft liegt 0 : 1 hinten, weil Tobi ein Eigentor geschossen hat. Er wollte zum Torwart zurück- passen. Dabei ist ihm der Ball versprungen und rechts oben ins Tor gesegelt.
Während der Pause nimmt der Trainer Tobi zur Seite. Er hat eine

Plastiktüte in der Hand. Darin sind ein paar alte braune Fußballschuhe.
»Zieh die mal an«, flüstert sein Trainer.
Tobi will die Schuhe nicht. Sie sehen hässlich aus. Seine eigenen Schuhe sind viel schöner als die abgewetzten Treter, die ihm sein Trainer hinhält.
»Das sind Zauberschuhe. Damit gelingt dir alles«, sagt der Trainer leise.
Tobi glaubt nicht an Zauberei. Aber versuchen kann er es ja trotzdem mal. Tobi zieht die Schuhe an. Sie fühlen sich gut an, auch wenn sie ihm etwas zu groß sind.
Als die zweite Halbzeit beginnt, testet Tobi die neuen Schuhe gleich mal. Er flankt den Ball über das halbe Spielfeld auf Kalle. Die Kugel landet genau vor Kalles Füßen. Er braucht sie nur anzustoppen und im Tor zu versenken. Nun steht es 1:1.
Überrascht guckt Kalle zu Tobi herüber und streckt anerkennend einen Daumen nach oben.
Jetzt kommt der Gegenangriff. Ein Angreifer will an Tobi vorbei. Das gelingt sonst jedem. Aber Tobi ist einfach nicht zu überwinden. Da kann der Gegner noch so viele Tricks versuchen.
Tobi angelt sich den Ball und läuft los. Diesmal will er es alleine machen. Zehn Meter vor dem Tor zieht er ab.Wie ein Geschoss rast der Ball an dem verblüfften Torwart vorbei ins Netz.
Mit den Zauberschuhen an den Füßen klappt einfach alles. Tobi schießt rechts so gut wie links, und jede seiner Flanken landet genau da, wo sie hinsoll.

Am Ende gewinnt Tobis Mannschaft 3:1, und Kalle und die anderen Mitspieler feiern Tobi wie einen richtigen Helden.

In der Kabine wartet Tobi, bis alle anderen gegangen sind. Dann geht er zu seinem Trainer.
»Darf ich die behalten?«, fragt Tobi und zeigt auf die braunen Treter.
»Wenn du möchtest«, antwortet der Trainer.
»Sind das wirklich Zauberschuhe?«, fragt Tobi weiter.
»Das sind meine alten Fußballschuhe.
Die habe ich bekommen, als ich so alt war wie du«, sagt der Trainer.

»Die Schuhe können nicht zaubern. Die tollen Flanken und Tore hast du ganz alleine geschossen.«
Tobi versteht die Welt nicht mehr. Warum war er denn dann plötzlich so gut, wo er doch sonst nie den Ball trifft? Tobi ist überzeugt: Das kann nur Zauberei gewesen sein.
»Du warst so gut, weil du dir die Schüsse mit den Schuhen zugetraut hast. Dabei kannst du mit Badeschlappen genauso gut spielen«, sagt sein Trainer und lacht.
Tobi überlegt. Vielleicht hat sein Trainer recht, und er braucht die Schuhe gar nicht. Vielleicht aber sind es ja doch Zauberschuhe. Nächste Woche wird er sie auf jeden Fall wieder anziehen. Sicher ist sicher. Und die Woche darauf auch. So lange, bis sie ihm zu klein sind. Aber das dauert hoffentlich noch ganz, ganz lange.

Väter gegen Söhne

Der Bolzplatz liegt genau neben dem Campingplatz. Jasper hat ihn gleich gesehen, als sie ihre Fahrräder abgestellt haben. Mit seinen Freunden Jan und Mehmet macht er eine Fahrradtour. Ihre Väter sind auch dabei. Zusammen radeln sie von Zeltplatz zu Zeltplatz. Heute Morgen sind sie gestartet.
»Kommt, wir spielen eine Runde!«, ruft Jasper und schnappt sich den Ball aus der Fahrradtasche.
»Halt! Erst müssen wir die Zelte aufbauen«, sagt sein Vater.
»Das machen wir später«, erwidert Jasper.
»Genau!«, ruft Jan. »Wir spielen Väter gegen Söhne. Wer verliert, muss die Zelte aufbauen.«
Die Väter sind einverstanden und die Jungs sowieso. Alle laufen auf den Bolzplatz.
»Der Verlierer fängt an«, ruft Jaspers Vater und kickt ihm den Ball zu.
»Abwarten«, antwortet Jasper und passt zu Jan.
Die Väter haben sich vor ihr Tor zurückgezogen und warten auf den Angriff. Jans Vater ist der dickste. Er steht im Tor.
Jan spielt den Ball zurück zu Jasper, der gibt ihn schnell weiter zu seinem Freund Mehmet. Die Jungs haben

sich abgesprochen. Sie wollen die Bälle ganz schnell abspielen und sich dann wieder freilaufen. Bei dem Gewusel um sie herum kommen ihre Väter ganz durcheinander. Schon steht Jasper frei vorm Tor. Jan schiebt ihm den Ball zu, und Jasper schießt das 1:0. Jans Vater hat keine Chance.
»Na wartet!«, ruft Jaspers Vater. »Wer 1:0 führt, der stets verliert.«
Die Väter greifen an, aber sie kommen nicht weit. Mehmet angelt sich den Ball von seinem Vater. Der läuft noch ein paar Schritte weiter, ehe er bemerkt, dass er die Kugel längst verloren hat.

Mehmet gibt den Ball zu Jasper, der spielt zu Jan, der passt wieder zu Mehmet und so weiter. Schon stehen sie wieder vor Jans Vater. Mehmet schießt den Ball unten flach in die freie Ecke.
Ihre Väter strengen sich jetzt richtig an. Sie haben keine Lust, gegen ihre Söhne zu verlieren. Aber nichts klappt. Es ist Jahre her, dass sie das letzte Mal Fußball gespielt haben. Außerdem tut ihnen der Hintern weh vom Radfahren, und ihre Gesichter sind schon ganz rot vor Anstrengung. Für Jasper, Jan und Mehmet ist es ganz leicht, sie auszutricksen.
»Kommt zurück!«, brüllt Jans Vater seinen Mitspielern zu, als die drei Jungen auf ihn zustürmen.

Aber die beiden anderen Väter sind viel zu erschöpft, um den langen Weg zurückzurennen. Sie bleiben einfach am Mittel-kreis stehen und sehen zu, wie Jan das 3:0 schießt.
Als es 11:0 steht, wirft Jaspers Vater ein Handtuch auf den Platz.
»Was soll das denn?«, fragt Jan verdutzt.
»Das macht man beim Boxen, wenn einer der Boxer aufgibt«, stöhnt Jaspers Vater.
Er und die anderen Väter schleppen sich zurück auf den Zeltplatz und lassen sich auf die Isomatten fallen.
»Nicht so faul«, sagt Jasper. »Ihr müsst noch die Zelte aufbauen.«
»Muss das sein?«, fragt Mehmets Vater.
»Erstens habt ihr verloren, und zweitens sieht es nach Regen aus«, antwortet Jan und deutet auf die dunklen Wolken über ihnen.
Erschöpft erheben sich die Väter und holen die Zelte raus. Es ist das erste Mal, dass sie sie aufbauen. Ständig stecken sie die falschen Stangen zusammen oder verschwinden unter Zeltplanen, die über ihnen zusammenstürzen. Die Jungen haben eine Menge Spaß beim Zuschauen. Als die Zelte endlich stehen, ist es schon dunkel. Müde kriechen alle in ihre Schlafsäcke.
»Wollt ihr morgen Revanche?«, fragt Jasper seinen Vater.
»Bloß nicht«, murmelt sein Vater. Kurz danach ist er auch schon eingeschlafen und schnarcht lauter als der Regen, der von oben auf das Zeltdach tropft.

Der Traumelfer

Jeden Freitag träumt Tom denselben Traum. Er ist mit seiner Mannschaft im Finale der Meisterschaft, und nach der Verlängerung steht es 0 : 0. Jetzt muss das Neunmeterschießen entscheiden. Tom soll auch einen treten, hat sein Trainer gesagt. Tom will nicht, aber sein Trainer besteht darauf. Vor ihm haben alle getroffen. Tom ist der Letzte. Wenn er verschießt, hat seine Mannschaft verloren. Tom nimmt sich den Ball und legt ihn auf den Neunmeterpunkt. Dann geht er drei Schritte zurück. Der Ball soll genau in die linke untere Ecke gehen. Tom nimmt Anlauf. Aber kurz bevor er schießen will, stolpert er. Sein Schuss geht hoch übers Tor, und der Ball landet in einem Bach, der hinter dem Fußballplatz vorbeifließt.

Weil die Gegner in seinem Traum über den verschossenen Neuner so laut jubeln, wacht Tom an dieser Stelle auf. Jeden Samstagmorgen. Schweißgebadet liegt er in seinem Bett und kann nicht mehr einschlafen. Obwohl er mit neun Jahren eigentlich schon zu alt dafür ist, hat er zwanzig Traumfänger über sein Bett gehängt. Aber auch die helfen nicht.

Letzte Nacht hatte er wieder diesen seltsamen Traum. Jetzt ist es Samstagnachmittag, und Tom fährt mit seiner Mannschaft zu einem wichtigen Spiel. Es ist das Finale. Als sie auf dem Parkplatz anhalten, kommt Tom die Um- gebung seltsam bekannt vor. Dabei ist es das erste Mal, dass er hier spielt. Trotzdem könnte er schwören, dass er schon einmal da war. Tom bekommt ein mulmiges Gefühl. Er erkennt alles wieder. Die Umkleidekabine, die Tribünen und auch der Bach hinter dem Tor sehen genau so aus wie in seinem Traum.

Eigentlich brauchen wir gar nicht aufzulaufen. Ich weiß ja eh, wie das Spiel ausgeht, denkt Tom und zieht sich seine Stollenschuhe an.

Dem Trainer und seinen Mitspielern erzählt er lieber nichts. Sie würden ihm sowieso nicht glauben und ihn nur auslachen.

Nach dem Abpfiff steht es 0:0, und in der kurzen Verlängerung fallen auch keine Tore. Jetzt muss das Neunmeterschießen entscheiden. Genau wie in Toms Traum.

»Du bist dran, Tom«, sagt der Trainer.

Alle anderen haben schon geschossen und getroffen.

»Ich kann nicht«, stottert Tom. »Ich schieße ganz bestimmt daneben.«
»Du bist nur nervös. Das ist ganz normal«, beruhigt ihn sein Trainer.
»Mach ihn rein! Mach ihn rein!«, feuern ihn seine Kameraden an, als der Trainer Tom zum Neunmeterpunkt schickt.
Wenn ihr wüsstet!, denkt Tom und legt sich den Ball zurecht.
Tom geht drei Schritte zurück, läuft an, stolpert, schließt schnell die Augen und schießt.
Zuerst ist alles ganz still. Dann hört er lautes Jubeln wie in seinem Traum. Aber es sind nicht die Gegner, die vor Freude brüllen, sondern seine Mitspieler.
Der Ball ist nicht im Bach, sondern im Tor gelandet. Unhaltbar ist er rechts oben in den Winkel geflogen.
Am Ende gewinnt Toms Mannschaft das Finale 8:7.

Wenn Tom jetzt träumt, dann ist es ein ganz anderer Traum als vor dem Spiel. In seinem neuen Traum schießt er den Neuner rein. Der Ball fliegt unhaltbar rechts oben in den Winkel, und seine Mitspieler tragen ihn auf den Schultern über den Platz. Vor Träumen hat Tom keine Angst mehr. Es sind ja nur Träume.

Opa erzählt Geschichten

Nicos Opa hat kein Fotoalbum. Er hat einfach alle seine alten Bilder in einem Schuhkarton gesammelt. Nico liebt es, wenn sein Opa Geschichten zu den Fotos erzählt. Auf einem Bild steht er mitten im Dschungel, und auf einem anderen reitet er auf einem Elefanten. Nicos Opa hat viel erlebt.

Gemeinsam sitzen Nico und sein Opa im Garten. Nicos Oma hat Erdbeerkuchen gebacken, und Opa hat den Karton mit den Fotos rausgeholt. Diesmal hat er ganz tief in der Kiste gekramt. Auf dem Bild ist ein junger Mann mit einer schwarzen Hose zu sehen. Dazu trägt er ein weißes Shirt mit einem komischen Kragen und einem Adler auf der Brust. Der Mann hat dunkle Haare und hält jubelnd eine große Scheibe in die Höhe.

»Das bin ich, als ich jung war«, erklärt Opa und nimmt sich Sahne.

»Wow!«, sagt Nico und schielt auf den dicken Bauch, den sein Opa sich in den dazwischenliegenden Jahren angefuttert hat. »Du siehst richtig fit aus.«

»Fit wie ein Turnschuh war ich«, erklärt Nicos Opa. »Ich habe doch in der Nationalmannschaft gekickt.«

»Echt?«, staunt Nico. Er hat gar nicht gewusst, dass sein Opa so gut Fußball spielen konnte.

»Klar! Ich war auch bei der Weltmeisterschaft 1954 dabei. Wer, glaubst du denn, hat damals das entscheidende Tor gegen die Ungarn geschossen?«

Nico wundert sich. Davon haben seine Eltern noch nie etwas erzählt.
»Fußball war damals ganz anders als heute«, erzählt sein Opa weiter. »Wir hatten ja keine Bälle wie ihr. Wir hatten noch nicht mal eine Coladose zum Kicken.«
»Und womit habt ihr dann gespielt?«, fragt Nico.
»Wir haben uns unsere Bälle aus Eichenholz geschnitzt«, erklärt Opa und nimmt noch einen Bissen von dem Kuchen.
»Aber hat das bei Kopfbällen nicht furchtbar wehgetan?« Nico weiß nicht so genau, ob er seinem Opa glauben soll oder nicht.
»Und wie das wehgetan hat! Deswegen hatten wir beim Training immer Helme auf und natürlich Holzschuhe an den Füßen. Durch die Sohlen haben wir Nägel gehämmert, weil wir ja auch keine Stollen hatten. So war das damals.«
Oma kommt aus der Küche in den Garten. Auf einem Tablett trägt sie eine Karaffe mit Limonade.
»Hast du gewusst, dass Opa bei der Weltmeisterschaft dabei war?«, fragt Nico seine Oma ganz aufgeregt.
Oma lächelt nur und antwortet: »Ja, bei der Flunkerweltmeisterschaft. Bei der Fußballweltmeisterschaft 1954 war dein Opa doch erst acht Jahre alt.«
»Aber das Foto?« Nico zeigt auf das Bild, das noch immer auf dem Tisch liegt.
»Das ist nicht dein Opa auf dem Foto da. Das ist Max Morlock. Der hat damals im Endspiel wirklich ein Tor geschossen. Dein Opa hatte doch gar keine dunklen Haare. Er war blond, ehe er so

grau wurde wie heute«, sagt Oma und lacht. Sie stellt die Limonade auf den Tisch.
»Und was ist mit dem Ball aus Holz?« Nico guckt seinen Opa zweifelnd an.
»Na ja, der war nicht so richtig aus Holz. Er war aus Leder. Aber aus sehr hartem Leder«, antwortet Opa und nimmt sich ein Glas Limonade.
»Und die Schuhe mit den Nägeln?«
»Die hatte ich wirklich«, sagt Opa und grinst. »Aber eines Tages bin ich damit über eine schmale Holzbrücke gelaufen und mit den spitzen Nägeln in den Brettern hängen geblieben. Ich konnte weder vor noch zurück, und plötzlich raste eine Herde wilder Stiere über die Brücke genau auf mich zu ...«
Nico ist überhaupt nicht sauer, dass sein Opa schon wieder flunkert. Er kann tolle Geschichten erzählen, und es ist völlig egal, ob sie wahr sind oder nur erfunden.

Der Fußballerfinder

Tim ist Torwart, und seine Mannschaft ist die beste in der ganzen Liga. Sie gewinnen fast alle ihre Spiele. Aber das hat auch einen Nachteil. Weil seine Mitspieler so gut sind, hat Tim im Tor nicht viel zu tun. Meistens langweilt er sich schrecklich während der Spiele.

Um sich abzulenken, hat Tim sich Geschichten auf seine Torwarthandschuhe geschrieben, damit er sie während des Spiels lesen kann. Aber mittlerweile kennt er sie alle schon auswendig, und Platz für neue Geschichten hat er auf seinen Handschuhen auch nicht mehr.

Tim will Erfinder werden, wenn er groß ist. Weil man damit gar nicht früh genug anfangen kann, nutzt er die langweilige Zeit im Tor, um sich neue Hilfsmittel für Torleute auszudenken. Neulich hat er ein Paar riesige Riesenhandschuhe erfunden. Die waren größer als Backbleche, und man konnte jeden Ball damit erwischen. Nur festhalten konnte man ihn nicht. Aber das war egal. Der Schiedsrichter hat sie sowieso verboten, als Tim sich damit in sein Tor stellen wollte.

Auch seine supertollen Sprungfederschuhe hat der Schiedsrichter nicht zugelassen. Dabei konnte man damit toll in die Ecken hüpfen und sogar noch Bälle kriegen, die genau in den Winkel gepasst hätten.
Aber so leicht lässt sich Tim nicht entmutigen. Bei ihrem letzten Spiel ist nicht ein einziger Schuss auf sein Tor gekommen. Da hatte Tim viel Zeit, sich etwas Neues einfallen zu lassen.
Tim kann es kaum erwarten, seine Erfindung auszuprobieren. Heute ist das Spiel gegen den Zweiten der Tabelle. Es dauert trotzdem noch bis zur zweiten Halbzeit, ehe einer der Stürmer in den Strafraum eindringt und mit dem Ball auf Tim zurennt. Der Stürmer kommt immer näher. Gleich wird er schießen. Darauf hat Tim gewartet. Schnell setzt er seine neue Torverhinderungsbrille auf. Damit kann man hypnotisieren. Tim guckt nicht auf den Ball, sondern genau in die Augen des Stürmers. Der Stürmer kann gar nicht anders. Er muss Tims Sonnenbrille anstarren, denn auf die dunklen Gläser hat Tim bunte Spiralen gemalt.

»Du bist ein Huhn, und der Ball ist ein Ei«, flüstert Tim so leise, dass es nur er und der Stürmer hören können.

Tim ist sich nicht sicher, ob seine Torverhinderungsbrille funktioniert. Er hat sie bisher nur an seiner kleinen Schwester getestet. Aber die macht sowieso alles, was er sagt.
Der Spieler läuft noch zwei Schritte, dann bleibt er stehen und fängt plötzlich an zu gackern. Er schnappt sich den Ball und hockt sich darauf, als wollte er ihn ausbrüten. Er will ihn gar nicht wieder hergeben. Drei Verteidiger und der Schiedsrichter sind nötig, um den Ball wieder freizukriegen.
»Du bist jetzt wieder ein Stürmer«, flüstert Tim schnell, und tatsächlich: Der Spieler steht auf und kann sich an nichts mehr erinnern.
Dumm nur, dass der Schiedsrichter es auch gehört hat. Tim muss die Brille abgeben und darf sie nicht mehr benutzen.
Macht nichts, dann lasse ich mir für das nächste Spiel eben wieder etwas anderes einfallen, denkt Tim, denn einem echten Fußballerfinder fällt immer etwas Neues ein.

Der Glücksbringer

Sein Vater hat Paul dieses Jahr etwas ganz Besonderes zum Geburtstag geschenkt: eine Eintrittskarte zu einem Bundesligaspiel. Paul war noch nie in einem großen Stadion.
Am Eingang müssen sie ihre Karten vorzeigen. Es sind ganz viele Menschen da, und fast alle haben rote Sachen an. Rot ist die Farbe von Pauls Lieblingsverein. Aber weil er am Morgen so aufgeregt war, hat Paul das ganz vergessen und sein blaues T-Shirt angezogen. Zum Glück ist Pauls Vater heute in Spendierlaune. An einem Stand kauft er Paul einen roten Fanschal.
Jetzt muss der FC nur noch gewinnen, dann wird es ein perfekter Tag, denkt Paul und wickelt sich stolz den Schal um den Hals.
Ihre Plätze sind im Block C, Reihe zwölf. Von dort hat man einen tollen Blick auf den Rasen. Das Stadion ist ausverkauft. Für die Mannschaft ist es das wichtigste Spiel der Saison. Wenn sie es verlieren, steigen sie ab.
Als das Spiel endlich angepfiffen wird, muss Paul sich die Ohren zuhalten, weil es so laut ist. Die Fans feuern ihre Mannschaften an. Einige haben sogar Trommeln und Trompeten dabei. Es dauerte eine Weile, bis Paul sich an den Lärm gewöhnt hat. Schade nur,

dass seine Mannschaft heute so schlecht spielt. Drei Mal haben die Gegner schon die Latte oder den Pfosten getroffen. Dann ist Halbzeit, und es steht immer noch 0:0.
Paul muss aufs Klo. Aber davor ist eine lange Schlange. Als er endlich fertig ist, kann er seinen Vater nicht mehr finden.
Macht nichts, denkt Paul. Ich weiß ja, wo unsere Plätze sind. Block D, Reihe einundzwanzig. Oder war es Block E, Reihe zwölf?
Paul macht sich auf die Suche. Aber seinen Vater sieht er nirgends.
»Hey, Junge, setz dich. Das Spiel fängt doch wieder an.« Ein Mann ruft Paul zu sich. Er trägt eine Trommel vor seinem dicken Bauch und ist ganz in Rot gekleidet. Er hat sogar rote Socken an. Die Männer und Frauen um ihn herum sehen genauso aus. Paul hat sich zu den ganz treuen Fans verlaufen, die bei jedem Heimspiel dabei sind.
»Ich suche meinen Vater«, antwortet Paul und versucht, nicht zu weinen.
»Keine Sorge, den finden wir nach dem Spiel. Ich bin Kalle. Komm, klettere auf meine Schultern, so kannst du besser sehen.«
Der Mann hebt Paul auf seine breiten Schultern. Dann schlägt er seine Trommel und fängt an zu singen.

»Steht auf, wenn ihr Kölner seid. Steht auf, wenn ihr Kölner seid.«

Das ganze Stadion singt mit. Paul auch, und für einen Moment vergisst er sogar, dass er verloren gegangen ist. Ihre Mannschaft kommt das erste Mal vor das gegnerische Tor und schießt überraschend das 1 : 0.

Alle brüllen »TOR«, und Paul reißt vor Freude die Arme in die Höhe. Fast wäre er dabei von Kalles Schulter gepurzelt, aber der dicke FC-Fan hält ihn gut fest.

Als der Schiedsrichter das Spiel abpfeift, steht es immer noch 1 : 0. Alle Fans jubeln, und Kalle hebt Paul wieder von seinen Schultern herunter.

»Du hast uns Glück gebracht! Du musst das nächste Mal unbedingt wiederkommen!«

Da ertönt eine Durchsage: »Der kleine Paul soll sich am Info-Stand melden. Sein Vater wartet dort auf ihn.«

Kalle und seine Freunde zeigen Paul den Weg. Sein Vater ist froh, als er ihn endlich in die Arme schließen kann. Von der zweiten Halbzeit hat er nichts gesehen, weil er überall nach Paul gesucht hat.

Beim nächsten Spiel will Paul sich die Platznummer besser merken. Oder er geht zusammen mit seinem Vater direkt zu Kalle und seinen Freunden in den Fanblock, denn von Kalles Schultern ist der Blick aufs Spielfeld einfach am besten.

Julia oder Julian?

Julia ist stinksauer. Der doofe Stefan und seine Freunde wollen sie nicht mitkicken lassen.
»Spiel du lieber mit deinen Puppen«, hat Stefan gerufen.
Wenn man nicht sieht, dass ich ein Mädchen bin, lassen sie mich vielleicht doch mitspielen, denkt Julia.
Sie läuft nach Hause. Ihr Bruder hat ein altes Torwarttrikot und eine richtige Torwartmütze. Eine, mit der man auch gegen die Sonne spielen kann. Die Sachen sind Julia viel zu groß, aber wenn sie ihre langen braunen Haare unter der Mütze versteckt, sieht sie damit aus wie ein Junge.

Julia läuft zurück in den Park. Stefan und die anderen sind weg. Dafür kicken jetzt fünf andere Jungs auf dem Bolzplatz.
»Kann ich mitspielen?«, ruft Julia mutig.
»Klar«, antwortet einer der Jungen. »Ich bin Kai, und wie heißt du?«
»Jul...« Julia kann sich gerade noch bremsen. »Julian«, antwortet sie.
»Hallo, Julian, du bist bei mir«, sagt Kai und passt ihr den Ball zu. Sie spielen drei gegen drei, und alle haben einen Riesenspaß, bis plötzlich Stefan und seine Freunde auftauchen.

»Das ist unser Platz! Verschwindet!«, brüllt Stefan schon von Weitem.
»Wieso?«, fragt Kai. »Wir können doch auch gegeneinander spielen. Ihr gegen uns.«
»Wenn ihr unbedingt verlieren wollt ...«, antwortet Stefan und grinst. »Meinetwegen.«
Kai ruft seine Mitspieler zusammen und verteilt die Positionen.
»Julian, du gehst ins Tor. Einverstanden?«, fragt er Julia.
Julia nickt nur und zieht sich die Mütze tief in die Stirn, damit Stefan sie nicht erkennt.
Da kommt auch schon der erste Angriff. Stefan drischt den Ball aus zwanzig Metern halbhoch aufs Tor. Zum Glück ist Stefan längst nicht so gut, wie er denkt. Julia fängt den Ball in der Luft und wirft ihn gleich weiter zu Kai.
»Das war toll!«, ruft Kai ihr zu und streckt den Daumen in die Höhe.
Kai passt den Ball nach links und läuft nach vorne. Als die Flanke hoch in den Strafraum kommt, braucht er nur noch seinen Kopf hinzuhalten, und es steht 1:0.
»Könnt ihr den nicht decken?!«, brüllt Stefan seine Mitspieler an. Dann schnappt er sich selbst die Kugel und rennt los. Als er nur noch zehn Meter von Julias Tor entfernt ist, lässt er sich fallen.
»Aua! Elfmeter! Aua! Foul!«, schreit Stefan und hält sich sein Schienbein, obwohl ihn überhaupt niemand berührt hat.
»Das war kein Elfer«, protestiert Kai.
»Klar war das einer, und ich werde ihn schießen.« Stefan steht

schon wieder auf den Beinen, und Schmerzen scheint er auch keine mehr zu haben. Niemand traut sich, ihn zu stoppen, so wütend sieht er aus, als er den Ball auf den Elfmeterpunkt legt. Julia achtet nicht auf Stefan, der ein paar Schritte Anlauf nimmt. Sie hat nur Augen für den Ball. Als Stefan schießt, hechtet Julia in die rechte Ecke. Sie sieht, wie der Ball genau auf sie zusaust. Julia streckt sich und erwischt die Kugel mit den Fingerspitzen. Haarscharf lenkt sie den Ball am Tor vorbei. Julia hat den Elfer gehalten. Doch bei dem Sprung hat sie ihre Mütze verloren.
»Das ist ja ein Mädchen!«, ruft Stefan und zeigt auf Julias lange braune Haare. »Ich spiel doch nicht gegen Mädchen.«
»Weil du gegen die immer verlierst?«, fragt Kai und lacht.
Stefan schnaubt nur und macht sich mit seinen Freunden aus dem Staub.
»Super gehalten, Julian! Oder wie heißt du wirklich?«, fragt Kai und grinst.
»Julia«, sagt Julia und grinst zurück.
»Ist ja auch völlig egal. Hauptsache, du bist gut im Tor«, sagt Kai. »Lasst uns weiterspielen drei gegen drei. Das hat sowieso mehr Spaß gemacht.«
Und genau das machen sie auch. Nur ihre Mütze zieht Julia nicht mehr auf, denn darunter ist es ihr viel zu warm.

Samuels große Chance

Samuel lebt in Afrika und liebt es, mit seinen Freunden Fußball zu spielen. Samuel ist der Beste von ihnen. Das sagen alle, auch ihr Trainer. Er kann mit rechts und links gleich hart schießen, und wenn er einmal anfängt zu dribbeln, ist er nicht mehr zu stoppen.

Jetzt hockt er mit den anderen Kindern und guckt auf den roten Lehmboden unter seinen nackten Füßen. Es sind elf Kinder auf dem staubigen Fußballplatz, die genau wie er zerrissene T-Shirts und bunte Shorts tragen. Vor ihnen steht ein Mann in einem Anzug und beobachtet sie. Der Mann ist extra aus Europa zu ihnen nach Afrika geflogen, um ihnen beim Fußballspielen zuzugucken. Wenn der Mann aus Europa Samuel gut findet, wird er ihn mitnehmen. Dann spielt Samuel für die Jugendmannschaft eines Vereins irgendwo in Europa. Da kann er viel Geld verdienen und damit seine Eltern unterstützen. Und zur Schule gehen darf er dann auch.

Seit Monaten hat ihr Trainer mit Samuel und den anderen auf diesen Tag hingearbeitet. Sie sind jeden Morgen noch vor Sonnenaufgang aufgestanden, um zu laufen. Danach haben sie hart trainiert. Torschüsse, Flanken, Dribblings.

Immer und immer wieder. Am Abend sind sie todmüde ins Bett gefallen.

»Zeigt, was ihr könnt, und enttäuscht mich nicht!«, ruft der Trainer und wirft Samuel den Ball zu.

Samuel passt ihn schnell weiter zu einem anderen Spieler. Er ist aufgeregt. Heute ist ein großer Tag für ihn. Samuel läuft sich frei und stoppt einen Pass mit der Brust. Dann läuft er los, den Ball ganz eng am Fuß. Von der Seite kommt ein Gegenspieler, der ihm die Kugel weggrätschen will. Aber Samuel springt einfach über ihn hinweg. Er rennt aufs Tor zu und lässt mit einer Körpertäuschung einen weiteren Verteidiger aussteigen. Während er läuft, denkt Samuel darüber nach, wie es wohl wäre in Europa. Er hätte ein eigenes Zimmer und ein Paar richtige Fußballschuhe, so wie die Profis sie im Fernsehen tragen. Samuel wünscht sich silberne mit goldenen Streifen. Vor ihm taucht wieder ein Verteidiger auf. Samuel spielt den Ball rechts vorbei und umläuft den Jungen auf der linken Seite. Jetzt ist nur noch ein Spieler vor ihm, dem er den Ball frech durch die Beine spielt. Samuel ist nun im Strafraum. Er könnte schießen. Oder er könnte noch warten und erst den Torwart versetzen, um den Ball dann ins leere Tor zu kicken.
Seine Eltern wären sehr stolz auf ihn, wenn er in Europa spielen

würde. Aber dann würde er sie nicht mehr sehen und sie ganz sicher schrecklich vermissen. Seine Mutter und seinen Vater. Und auch seine Brüder und Schwestern. Und alle seine Freunde, denkt Samuel, als er den Torwart austrickst. Jetzt ist das Tor frei. Samuel braucht den Ball nur noch reinzuschieben.
Eigentlich hat Samuel gar keine Lust, seine Eltern, Geschwister und Freunde zu verlassen. Und wozu braucht er Fußballschuhe? Er hat immer schon barfuß gespielt. Samuel holt aus und schießt den Ball weit, weit am leeren Tor vorbei in den blauen Himmel. Aus den Augenwinkeln kann er sehen, wie sich sein Trainer vor Wut auf den Boden wirft und der Mann aus Europa Samuels Namen von seiner Liste streicht.
Samuel lacht nur. Es ist ihm egal. Nächstes Jahr wird ein anderer Mann aus Europa kommen und nach neuen Talenten suchen. Vielleicht hat Samuel dann mehr Lust, wegzugehen. Bis dahin wird er bei seinen Eltern und Geschwistern bleiben und weiter mit seinen Freunden barfuß auf dem roten Lehmplatz spielen.

Benno Superkicker – Der neue Stürmer

Wie ein Roboter! Wie ein Roboter, der auf Toreschießen eingestellt ist, zischt Benno über den Platz. Der Ball klebt wie magnetisch an seinem Fuß.
Da, drei Mann stellen sich Benno in den Weg, wollen ihm den Ball abnehmen! Und Benno? Benno dreht sich einfach um, blitzschnell, weicht aus, springt über die ausgestreckten Beine, eins, zwei, drei, und läuft weiter, immer weiter Richtung Tor. Bis nur noch der Torwart vor ihm steht. Benno zielt, schießt mit Donnerwucht und ...
»Tooor!«, jubeln die Zuschauer schon zum dritten Mal in diesem Spiel.
Sie haben aber immer noch nicht genug. »Benno vor, noch ein Tor!«, feuern sie ihn an.
Und das lässt sich Benno nicht zweimal sagen.

Am Ende steht es 5:0 für Rot-Weiß Hollerbusch. Die Spieler fallen Benno um den Hals. Die Fans brüllen und klatschen dazu im Takt: »Benno!« Klack, klack, klack! »Benno!« Klack, klack, klack! »Benno!« Klack, klack, klack!

»Los, Benno, lauf noch mal raus!« Trainer Paule deutet auf die Zuschauer.

Benno schnappt sich die rot-weiße Fahne und dreht eine Runde um den Platz.

Er denkt an das große Spiel in drei Wochen. Dann will er den Pokal für Rot-Weiß Hollerbusch holen.

Und wieder eine Ehrenrunde drehen!

»Ich habe eine Überraschung für euch!«, sagt Trainer Paule ein paar Tage später beim Training. Die Überraschung trägt rote Turnschuhe und tausend Sommersprossen im Gesicht.
»Das ist Moritz.« Trainer Paule klopft dem Neuen auf die Schulter. »Wenn du dich heute gut schlägst, bist du dabei, bei den Rot-Weißen!«
Und dann sagen alle ihre Namen.
»Ich bin Benno, der Stürmer hier«, sagt Benno.
»Der beste in der ganzen Liga!«, prahlt Tom.
»Ein wahrer Ballkünstler!«, schwärmt Lena.
Moritz grinst Benno an, dass seine Sommersprossen tanzen. Alle tausend.

Und dann zeigt Moritz, was er draufhat. Er ist Stürmer wie Benno. Schnell, wendig, clever und vor allem treffsicher. »Sieben Tore hintereinander – he, das hat bisher noch nicht mal Benno geschafft!«, ruft Tom nach dem Bombensieg beim Trainingsspiel und boxt Moritz in die Seite. So, wie er sonst immer Benno
in die Seite boxt.

Vor der Umkleide wartet Lena.
»Was ist denn los?«, fragt sie, als Benno herauskommt.
Sonst gehen Lena, Tom und Benno immer zusammen nach Hause. Aber heute dampft Benno einfach an ihr vorbei.

Zum nächsten Training bringt Benno eine Riesenportion Wut mit. Auf Moritz.
Dabei hat der ihm ja eigentlich nichts getan. Im Gegenteil: Weil Benno vor lauter Wut seine Fußballschuhe vergessen hat, leiht Moritz ihm seine. Die neuen! Moritz selbst zieht die alten an, obwohl die vorne ein Riesenloch haben.

Und schon geht's los. In Moritz' Fußballschuhen.
Pah, dir werd ich's zeigen, denkt Benno – und verschießt einen Elfmeter. Na warte, denkt Benno –
und stolpert über den Ball. Jetzt aber Schluss mit lustig, denkt Benno – verliert den Ball und sogar
seine Hose.
Klick. Irgendwer macht ein Foto. Benno in Unterhosen in der Schlammpfütze!

»Mach dir nichts draus«, tröstet Moritz Benno.
Ausgerechnet Moritz!
Trainer Paule schüttelt den Kopf. »Beim Pokalspiel will ich aber keinen solchen Stuss von dir sehen!«, sagt er.
Noch nie hat Trainer Paule so etwas zu Benno gesagt.
Benno schluckt.
Moritz stürmt wieder nach vorne. Richtung Tor.

Eigentlich müsste er den Ball nur in den Kasten schieben, ein leichter Schubs würde genügen. Aber er spielt ihn Benno zu. Damit Benno das Tor machen kann. Damit Benno heute wenigstens dieses eine Erfolgserlebnis hat. Und damit Trainer Paule wieder einigermaßen zufrieden ist.

Am Ende des Trainings trommelt Trainer Paule alle zusammen. »Wir müssen über das Pokalspiel sprechen!«
In Bennos Bauch kribbelt es ganz komisch. Er ahnt, was kommen wird: Moritz darf spielen, nicht er.
»Moritz hat sich super eingespielt bei uns«, beginnt Trainer Paule.
Benno kneift die Augen zu. Fürchtet sich vor dem, was Trainer Paule gleich verkünden wird.
»Trotzdem«, fährt Trainer Paule fort, »ist es Benno, der uns so weit gebracht hat. Er soll den Pokal heimholen.«
Die Mannschaft nickt.
»Wir haben nur noch einmal Training vor dem Spiel«, sagt Trainer Paule noch. »Seid bloß pünktlich, Leute!«

Beim nächsten Training bleiben alle tausend Sommersprossen in Moritz’ Gesicht an ihrem Platz. Kein einziges Lächeln bringt sie zum Tanzen.
»Du, Moritz ...«, sagt Benno.
Aber Moritz geht einfach weg.
Und dann, beim Trainingsspiel, schubst Moritz Benno, schubst ihn so oft, bis der schließlich aus den Latschen kippt und vom Spielfeld humpelt.

»He, was soll denn das? Man foult doch nicht den eigenen Mitspieler!«, donnert Trainer Paule und schickt Moritz vom Platz.
Lena und Tom haken Benno auf dem Weg zur Umkleide unter. »Moritz hat sie ja nicht mehr alle!«, schimpfen sie.

Aber Benno winkt ab. »Ach, halb so wild!«, sagt er. Und »Ach, halb so wild!« sagt er wieder, als sie in die Umkleide kommen. Dort hängt nämlich das Benno-ohne-Hosen-Foto.
Benno, der Superkicker!, steht drunter.
Von Moritz keine Spur.
Alle regen sich furchtbar auf.
»Mieser Fiesling!«, poltern sie.
Aber Benno poltert nicht. Er versteht Moritz sogar irgendwie. Schließlich hat er ja in letzter Zeit wirklich besser gespielt als Benno. Um Längen besser!
»Ach, halb so wild!«, sagt Benno noch mal und hat eine Idee.

Umkleide
II
R. 106
!!!
Benno der
SUPERkicker!
43

Heute ist das Pokalspiel.
Und Benno kennt ein Zaubermittel, wie Rot-Weiß Hollerbusch todsicher den Pokal holt: mit einer Doppelspitze – Moritz und er!
Noch eine Minute bis zum Anpfiff. Benno holt tief Luft und läuft auf den Platz.
Zu spät kommen gehört zum Plan. Nur so kriegt er Trainer Paule rum. Denn wer zu spät kommt, spielt nicht – das ist eine eiserne Regel des Trainers.

»Moritz in den Sturm, Benno auf die Bank!«, ruft Trainer Paule dann auch sofort, als Benno auftaucht.
Aber Benno weiß, dass er ihn trotzdem spielen lässt, wenn es hart auf hart kommt.
Ja, wenn! Nur, was ist, wenn nicht? Darüber hat er noch gar nicht nachgedacht.

Aber es kommt hart auf hart. Das Runde will nicht in das Eckige! Das entscheidende Tor fehlt. Trainer Paule muss handeln. Schnell.
Er wechselt Benno ein.
»Gib alles!«, ruft er ihm hinterher.
Benno grinst. Das war schon mal der erste Sieg: Moritz und er spielen jetzt als Doppelspitze!
Und der Sieg auf dem Platz? Benno zwinkert Moritz zu. Hoffentlich hat er kapiert! Denn noch ist alles drin, noch.

In null Komma nix holt sich Moritz den Ball. Stürmt nach vorne. Die gegnerischen Verteidiger kleben an seinen Fersen. Benno flitzt auch nach vorne. Fast unbemerkt und

etwas langsamer als die anderen. Nun müsste Moritz schießen, doch der Weg zum Tor ist blockiert. Nur Benno steht frei.

Schießt Moritz trotzdem, weil er das Tor unbedingt selbst machen will? Weil er doch ein mieser Fiesling ist? Stille. Nichts bewegt sich, nichts regt sich auf dem Platz.

Da dreht Moritz sich blitzschnell um und passt zu Benno. Der fackelt nicht lange und donnert den Ball ins Tor. »Tor!«, hallt es über den Platz. »Tooor!«
Und zwar auf der ganzen Linie – denn auch Moritz' Sommersprossen tanzen endlich wieder. Und Moritz und Benno tanzen mit. Eine Ehrenrunde um den Platz.

Quellenverzeichnis

Benno, der Superkicker
Ist zuerst erschienen als *Benno, der Superkicker*.

Hinter der Mauer
Darf ich mitspielen?
Der verschwundene Pokal
Vampire vor, noch ein Tor!
Micha, der Superschütze
Die Zauberschuhe
Väter gegen Söhne
Der Traumelfer
Opa erzählt Geschichten
Der Fußballerfinder
Der Glücksbringer
Julia oder Julian?
Samuels große Chance
Sind zuerst erschienen in *Kleine Fußball-Geschichten zum Vorlesen*.

Benno Superkicker – Der neue Stürmer
Ist zuerst erschienen als *Benno Superkicker - Der neue Stürmer*.